BADISCHE
Gewürzküche
Senf, Essig, Essenzen selbst hergestellt

VERLAG MORITZ SCHAUENBURG

Einleitung

Kochbücher – und so auch dieses – haben meist eine lange Geschichte. Daß dieses Kochbuch entstand, hat die Verfasserin der Großmutter zu verdanken, die heute von allen Familienmitgliedern Urgroßmutter genannt wird, weil sie längst jenes Alter erreicht hat, in dem die Enkelkinder zu Eltern geworden sind.

Ihre hinreißende Kochkunst war lange Zeit von Geheimnissen umwoben, denn die Urgroßmutter hütete ihre Rezepte wie einen Zauberring, dessen Wirkung in dem Augenblick verloren geht, in dem man ihn anderen zeigt. Allen Bitten der nächstfolgenden Generationen leistete sie bislang unerbittlichen Widerstand. Sie rückte mit keinem einzigen ihrer handgeschriebenen Rezepte heraus. Erst der Charme von Gabriela Schlesiger ließ jetzt ihren Widerstand schmelzen wie Butter an der Sonne.

Das Geheimnis ihrer Kochkunst ist in den selbstbereiteten Gewürzzutaten zu suchen. Sie hielt nichts vom käuflichen Senf, von fertigen Extrakten, Brühwürfeln und Gewürzmischungen. Sie stellte das alles selbst her. Würzig roch es dann aus der Küche, Ahnungen von köstlichen Mahlzeiten wehten durchs Haus.

Fast hat es den Anschein, als ob in ihnen die Weisheit ganzer Generationen tüchtiger badischer Hausfrauen steckt. Die konnten mit den würzigen Kräutern, die vor der Haustür gediehen, ebenso gut umgehen, wie mit den exotischen Gewürzen, und das nicht erst seit Urgroßmutters Zeiten.

Die Urgroßmutter hat also nun ihre Rezept-Schätze vor uns ausgebreitet. Und wer sie nutzt, wird dankbar sein, daß sie ihre Genehmigung zu diesem Büchlein gegeben hat und damit allen Kochkünstlerinnen und Kochkünstlern den Zugang zu ihrem ganz privaten wohlduftenden und wohlschmeckenden kulinarischen Reich gewährt hat.

Gewürze

Seit Tausenden von Jahren und in allen Teilen der Erde verwenden die Menschen Gewürze. Über jedes ein zelne von ihnen könnte man eine lange Geschichte schreiben, und kaum eine gliche der anderen. Auf langen und abenteuerlichen Wegen gelangten die exotischen Gewürze schon früh in die europäischen Küchen, wurden teil weise wie pures Gold gehandelt, Entdecker wagten sich in unerforschte Regionen. Aber auch die scheinbar heimischen Küchenkräuter sind zum größten Teil Gäste aus fremden Ländern.

Viele der noch heute gebräuchlichen Gewürze haben die Römer zu uns gebracht. Als sie die Regionen nördlich der Alpen eroberten, wollten sie auf ihre eigene Eßkultur nicht verzichten. Sie pflanzten an, was hier nur irgend gedieh, die exotischen Gewürze ließen sie aus fernen Ländern kommen.

Seither brodeln auch hierzulande würzige Brühen und Soßen in den Kesseln, sehr zur Freude der Gewürzhändler, die in Säcken und Tonnen Pfeffer, Nelken und Muskatnüsse herbeischafften. Sie wurden dabei reich und mußten es sich gefallen lassen, Pfeffersäcke genannt zu werden.

Wahrscheinlich würzte man früher sehr viel großzügiger als heute – trotz der hohen Preise oder gerade wegen der hohen Preise, konnte man doch durch scharf gewürzte Speisen seinen Reichtum demonstrieren. In frühen deutschen Kochbüchern kann man auch eine sehr viel größere Vielfalt von Gewürzen finden als heute.

Alle würzenden Zutaten entstammen dem Pflanzenreich. Dabei verwendet man je nach der Pflanze die unterschiedlichsten Pflanzenteile, beim Pfeffer die Samenkörner bei den Nelken die Blütenknospe, beim Zimt die Rinde, beim Ingwer die Wurzel, beim Lorbeer die Blätter, beim Safran die Narben. Sie werden getrocknet, gebeizt oder eingelegt, um sie so für längere Zeit haltbar zu machen.

Die Gewürze dienten damals aber nicht nur der Gaumenlust. Sehr früh schon wußte man, daß sie unter anderem die Bekömmlichkeit der Speisen erhöhten, den Appetit und die Magensäfte anregten und die Verdauung förderten. Uraltes Wissen aus der frühesten Menschheitsgeschichte wurde von Kräuterweiblein und Gelehrten von Generation zu Generation weitergegeben. Und wir schlauen Leute von heute können es ihnen sogar nachweisen, den Alten, daß sie recht hatten. Dank modernster Analysemethoden lassen sich die Wirkstoffe der Gewürze und ihre Heilkräfte genau feststellen.

Senf

An erster und gewichtiger Stelle soll in diesem Kochbüchlein der Senf stehen. Das hat seine Gründe: Die Urgroßmutter widmete ihm ihre ganz besondere Aufmerksamkeit und viele Seiten in ihrem handschriftlichen Kochbuch. Senf war für sie der unerläßliche und selbstverständliche Begleiter vieler Speisen, und genau so selbstverständlich war es für sie, ihren Senf selbst herzustellen. Aber da ihre Zunge sehr fein war und ihre Sinne die Abwechslung liebten, hatte sie nicht nur ein einziges Senfrezept, auch nicht zwei, sondern viele.

Über Leute, die sich Senf aus der Tube auf die Bratwurst drücken, konnte sie nur den Kopf schütteln. „Dummköpfe sind das, die wissen noch nicht einmal, daß es eine Senfpflanze gibt und welche Gaumenfreuden sie sich entgehen lassen."

Die Grundlage für jede Senfzubereitung ist das Samenkorn der Senfpflanze, die den Acker, auf dem sie angebaut wird, im Frühsommer in ein gelbes Blütenmeer verwandelt. Unser Wort für Senf ist aus ihrem alten lateinischen Namen „Sinapis" hervorgegangen, während sich das im Badischen weniger gebräuchliche Wort Mostrich oder Mostert aus dem lateinischen mustardum ableitet, das die Zubereitung von Senf aus der Senfpflanze und Most, lat. mustardum, erkennen läßt.

Ungemahlen verwendet man das Senfkorn vor allem beim Einlegen von Gurken und anderen Gemüsen. Die Urgroßmutter gab auch dem Essig Senfkörner bei, in den sie Birnen und Pflaumen einlegte, die man im Badischen als Beilage zu gekochtem Rindfleisch mit Meerrettichsoße reicht.

Meerrettich-Senf

3 Eßl. gelbes Senfmehl
(von weißem Senf)
1 gute Prise Salz
Wasser, abgekocht
1 Eßl. Meerrettich-Essig
(s. S. 22)

In einer Schale Senfmehl und Wasser miteinander verrühren. Nach und nach zuerst den Meerrettich-Essig und dann das abgekochte Wasser unter ständigem Umrühren hinzugeben, bis ein glatter, dickflüssiger Brei entstanden ist.

TIP: Soll sehr viel Senf hergestellt werden, zum Beispiel für ein größeres Dorf-Grillfest, gelten folgende Mengen und Zutaten:

500 g gelbes Senfmehl,
94 g Weizenmehl
94 g Salz
10 g weißer Pfeffer
1/8 l Meerrettich-Essig
abgekochtes Wasser.

Die Herstellungsweise ist wie oben.

Dieser Senf wird sehr scharf.

Feiner Senf

250 g weißes Senfmehl
125 g schwarzes Senfmehl
250 g Zucker
7 g Zimt
5 g Nelken, gestoßen
5 g Koriander, gestoßen
guter Weinessig, nach Bedarf

Weißes und schwarzes Senfmehl mit den anderen Zutaten vermischen. Erst dann langsam den Weinessig bei ständigem Rühren hinzugeben, bis ein glatter und dicker Brei entsteht.

TIP: Den selbsthergestellten Senf in Steinguttöpfe abfüllen und diese mit einem gut passenden Korkdeckel verschließen. Der Senf sollte an einem kühlen Ort oder im Kühlschrank aufbewahrt werden.

Weißwein-Senf, hell

Weißes und schwarzes Senfmehl in eine Schüssel geben und nach und nach Zucker, gestoßene Nelken und Piment kräftig unterrühren. Unter ständigem Rühren den Weißwein hinzugeben, bis ein glatter Brei entstanden ist.

250 g weißes Senfmehl
250 g schwarzes Senfmehl
125 g feiner Zucker
15 g Nelken, gestoßen
30 g Piment, gestoßen
guter trockener Weißwein, nach Bedarf

Anchovis-Senf

125 g gutes gelbes Senfmehl
125 g feines Weizenmehl
16 g Salz
kochendes Wasser
4 kleine Zwiebeln, kleinschneiden
4 Eßl. Anchovisessig (s. S. 23)
4 Eßl. gutes Ketchup, selbstherstellen (s. S. 30)

Das Senfmehl mit gesiebtem Weizenmehl, Salz und etwas kochendem Wasser zu einem festen, glatten Brei verrühren.

Die zerkleinerten Zwiebeln mit Anchovisessig und dem Ketchup oder alternativ mit 4 Eßlöffeln Tomatenmark ca. 10 Minuten lang köcheln lassen. Das Ganze unter ständigem Rühren über den festen Brei gießen. Die geköchelten Zutaten und der Brei müssen sehr gut miteinander vermischt werden.

In gut verschlossenen Steintöpfen aufbewahren.

Gewürzsenf

1 l scharfer Weinessig
15 g Zimtstange
4 g Nelken
8 g Piment
4 kleine Zwiebeln, in kleine Stücke schneiden
2 Knoblauchzehen
frischer Estragon, Thymian, Majoran, zu einem Bund zusammenbinden
3 Lorbeerblätter
250 g Zucker
500 g gelbes Senfmehl

Den Weinessig mit Zimt, Nelken, Piment, den Zwiebeln sowie den Knoblauchzehen, dem Kräutersträußchen, den Lorbeerblättern und dem Zucker kurz hintereinander mehrere Male aufkochen. Im geschlossenen Topf 30 Minuten lang ziehen lassen. Nach dem Erkalten die Masse mit einem Holzlöffel durch ein feinmaschiges Sieb streichen und mit dem gelben Senfmehl unter ständigem Rühren nochmals aufkochen.

Den cremigen Senf in Steintöpfe abfüllen.

Majoran

Birnenmost-Senf

Urgroßmutter stellte auch einen Senf aus Birnenmost her:

Sie kochte eine beliebige Menge süßen Birnenmost dicklich ein und ließ diesen erkalten. Dann rührte sie zwei Teile gelbes Senfmehl und ein Teil schwarzes Senfmehl mit dem Birnenmost an, bis ein dickflüssiger und glatter Brei entstanden war. Er wurde in steinernen Töpfchen aufbewahrt und erst nach 6 Wochen in Gebrauch genommen.

Süßer Senf

½ l guter Weinessig
200 g brauner Zucker
125 g schwarzes Senfmehl
125 g weißes Senfmehl

Den Weinessig mit dem Zucker aufkochen, bis sich dieser auflöst. In eine Rührschüssel geben und erkalten lassen. Das schwarze und weiße Senfmehl hinzugegeben. Auf kleinster Stufe des Rührgerätes etwa 30 Minuten in der Rührschüssel quirlen lassen.

Den süßen Senf in Gläser oder Steintöpfchen geben und gut verschließen. An einem kühlen Ort aufbewahren.

Johannisbeer-Senf

Bei der Herstellung des Johannisbeersenfs gilt das Grundrezept vom süßen Senf. Wenn der Brei glatt gerührt ist, 1 Eßl. zerdrückte Johannisbeeren hinzugeben und das Ganze gut verrühren.

In gut verschließbare Steintöpfchen abfüllen und 3 bis 6 Wochen an einem kühlen Ort ziehen lassen. Erst dann zum Verzehr verwenden. Je länger dieser Senf zieht, desto fruchtwürziger schmeckt er.

Pflaumen mit Senfkörnern eingelegt

3 kg Pflaumen, frisch und reif
1 1/8 l guter Weinessig
1/2 kg Zucker
6 g Zimtstangen
6 g Nelken
90 g Senfkörner

Die Pflaumen mit einem Tuch gut abreiben und die Pflaumenstiele mit einer Schere kürzen. Achtung: Nur Pflaumen mit Stielen verwenden. In einem Topf den Weinessig mit dem Zucker aufkochen. Mit einer Schöpfkelle den Schaum abschöpfen. Zimt und Nelken hinzugeben. Die Pflaumen vorsichtig nacheinander in die siedende Flüssigkeit hineinlegen, bis die Haut der Pflaumen aufplatzt.

Die Pflaumen sofort mit der Schöpfkelle herausnehmen und nebeneinander auf große Teller legen. Nicht aufeinanderlegen! Solange wiederholen, bis alle Pflaumen im siedenden Essigzucker gelegen haben. Die Pflaumen auskühlen lassen und dann aufeinander in einen Steintopf legen. Ein Leinensäckchen, so groß wie die Öffnung des Steintopfes, mit den Senfkörnern füllen und mit einem Baumwollfaden verschließen. Das gefüllte Leinensäckchen auf die Pflaumen legen. Den Weinessig nochmals aufkochen, filtern und auf die Pflaumen gießen. Nach dem Erkalten den Steintopf mit einem festen Leinentuch gut abbinden.

Nach 6 Tagen die Flüssigkeit wieder aufkochen. Die Flüssigkeit erkalten lassen und über die Pflaumen gießen. Mit einem festen Leinentuch locker abbinden und einen festen Korkverschluß daraufsetzen. Die eingelegten Pflaumen an einem kühlen Ort (Keller) aufbewahren.

Weintrauben mit Senfkörnern eingelegt

6 kg weiße Trauben,
die besten ablösen
Senfkörner nach
Bedarf

Die verletzten Trauben zerkleinern. Mit einem Holzlöffel den Saft durch ein Haarsieb streichen. Den Saft in einen Stahltopf geben und köcheln lassen. Danach den eingeköchelten Weintraubensaft auskühlen lassen.

Die unbeschädigten Weintrauben gut waschen, abtropfen und trocknen lassen.

Die trockenen Weintrauben in einen Steintopf legen und zwischen jede Lage eine Schicht Senfkörner streuen. Ganz zum Schluß den eingeköchelten Weintraubensaft darüber gießen. Den Steintopf mit einem festen Leinentuch abbinden und an einen kühlen Ort stellen.

TIP: Der Steintopf sollte mindestens 6 Wochen an einem kühlen Ort stehen. Die eingelegten Weintrauben in Senf schmecken besonders gut zu gebratenem Fleisch und Wild.

Eine Alternative zu den Preiselbeeren bei Wildgerichten!

Übrigens kann man auch andere Beeren, z. B. Stachelbeeren, Preiselbeeren oder Johannisbeeren auf diese Art einlegen. Nur sollte man darauf achten, daß die Beeren eine feste Schale haben. Erdbeeren oder

Himbeeren eignen sich hierfür nicht.

Birnen für einen
3 bis 4 l
fassenden Steintopf
3 mittelgroße
Meerrettichstangen
10 Lorbeerblätter
1 Handvoll
Pfefferkörner
10 Nelken
Essig nach Bedarf
180 g gemahlene
Senfkörner

Die Birnen waschen und, ohne sie zu verletzen, von den Stielen befreien. Im Wasser solange kochen, bis sie sich leicht mit einer Stricknadel durchstechen lassen. Den Topf von der Flamme nehmen und die Birnen darin auskühlen lassen. Jetzt die Birnen in einen Steintopf legen. Schichtweise die oben angegebenen Gewürze verteilen, den Meerrettich in Scheiben schneiden.

TIP: Der Steintopf sollte gut mit einem Korkdeckel oder einem Leinentuch verschlossen werden. Danach kommt der Steintopf an einen kühlen Ort, am besten eignet sich ein kühler Keller. Die Senfbirnen schmecken nach einigen Wochen sehr gut als Beilage zu kaltem Fleisch. Wenn sie immer mit Flüssigkeit bedeckt sind, halten sie sich etliche Monate.

Birnen mit Senfkörnern eingelegt

Den Essig mit 180 g gemahlenen Senfkörnern anrühren und die Birnen damit im Steintopf begießen. Soviel Essig mit gemahlenem Senf anrühren, bis die Birnen gut bedeckt sind. Es kann keine Mengenangabe zum Essig gemacht werden, weil das Volumen der Birnen unterschiedlich ist.

In einem kleinen Tontopf mit schönem, selbstbedrucktem Leintuch zugebunden sind die Birnen immer wieder ein besonderes Geschenk. Übrigens ist dies ein Geschenk, das Sie nicht kaufen, sondern nur selber herstellen können.

Bohnen mit Senfkörnern eingelegt

1 kg junge Bohnen
Senfkörner nach Bedarf
1 Handvoll weiße Pfefferkörner
1 mittelgroße Meerrettichstange
2 l Essig
280 g Zucker

Die Bohnen abziehen und in Salzwasser al dente kochen. In ein Sieb zum Abtropfen schütten. Danach die Bohnen auf ein Tuch zum Trocknen und Abkühlen legen. Die abgekühlten Bohnen in einen Steintopf legen.

Eine Handvoll Pfefferkörner und den geriebenen Meerrettich auf die Bohnen verteilen.

Den Essig mit dem Zucker aufkochen und kochend über die Bohnen gießen. Abkühlen lassen und den Steintopf mit einem Baumwoll- oder Leinentuch zudecken. Das Tuch mit einer Schnur oder Kordel festbinden.

Nach 1 Woche den Essig aus dem Steintopf in einen Kochtopf abgießen und erhitzen. Die Flüssigkeit erkalten lassen und wieder auf die Bohnen gießen. Sofort mit einem sauberen Tuch abdecken und fest mit einer Schnur zubinden. Diesen Vorgang nach genau einer Woche wiederholen.

TIP: Bohnen eingelegt mit Senf und dazu noch in einem Steintopf, läßt jedes Kochherz höher schlagen. Alte und schöne Steintöpfe in verschiedenen Größen kann man auf Flohmärkten finden.

Diese eingelegten Bohnen halten Monate, wenn sie an einen kühlen Ort gestellt werden. Ein kühler Keller ist am besten. Bei solchen Einmachkünsten können Sie sehr viel Stromkosten sparen (Tiefkühltruhe).

Senfgurken

Große, ausgewachsene
und reife Gurken
1/2 kg Salz
Senfkörner
Estragon
Basilikum
Lorbeerblätter
kleine Zwiebeln
Meerrettich
Pefferkörner
Piment
einige Nelken
(ca. 8 bis 10)
1 Messerspitze
geriebene Muskatnuß

Die reifen und ausgewachsenen Gurken schälen, der Länge nach teilen und halbieren. Danach die Kerne mit einem Teelöffel entfernen. Die Gurken mit viel Salz bestreuen und über Nacht stehen lassen, damit sie Wasser ziehen. In ein Sieb zum Abtropfen geben und anschließend mit einem Tuch trocken tupfen.
Die Gurken in Gläser oder Steintöpfe legen. Dazwischen Senfkörner, Estragon, Basilikum und Lorbeerblätter sowie kleingeschnittene Zwiebeln, geriebenen Meerrettich, Pfefferkörner, Piment, einige Nelken und geriebene Muskatnuß geben.

Den Weinessig mit Salz aufkochen. Pro 1 l Weinessig nimmt man 1 Teel. Salz. Abkühlen lassen und über die Gurken gießen, bis sie gut bedeckt sind.

Am nächsten Tag alles vorsichtig durch ein Sieb gießen und die Flüssigkeit aufkochen. Die Gurken mit den Gewürzen in den Steintopf schichten und mit der abgekühlten Flüssigkeit aufgießen. Diesen Vorgang an zwei aufeinanderfolgenden Tagen je einmal wiederholen.

Das Gefäß mit einem Schraubdeckel, Leinentuch oder Korkdeckel verschließen.

TIP: Die eingelegten Gurken an einem kühlen Ort aufbewahren. Die Senfgurken sollen mindestens 3 Wochen ziehen, erst dann schmecken sie richtig herzhaft.

Übrigens haben unsere Urgroßmütter im 19. Jahrhundert Schweinsblasen verwendet, um die Steintöpfe zu verschließen.

Kalter Lachs, an einer Senftreppe mit Gemüse umlegt

1 Lachs (2,5 kg bis 3 kg), ausgenommen
2 l Wasser
3/4 l trockener Weißwein
2 große Zwiebeln, grob schneiden
2 Karotten, vierteln
Salz
Pfeffer
1 Strauß frische Kräuter (Thymian, Salbei, Estragon, Petersilie)

Für den Gemüsering:

12 kleine Blatt weiße Gelatine
12 kleine, feste Tomaten
250 g Karotten
250 g Bohnen
250 g Erbsen
25 g Butter
Estragon
Salz
10 mittelgroße Eier, hart kochen, halbieren

Für die Mayonnaise

2 Eigelb
1/2 l gutes Öl
2 Teel. scharfer Senf
Salz
Pfeffer

Achtung: Den Lachs nicht kochen!!!

In einem Fischtopf 1 l Wasser mit dem trockenen Weißwein, den Zwiebeln, Karotten, dem Kräuterstrauß, Salz und Pfeffer 30 Minuten bei mittlerer Hitze kochen.

Den Topf von der Wärmequelle nehmen und 1 l kaltes Wasser hinzugießen. Erst jetzt den Fisch hineinlegen. Sollte er noch nicht bedeckt sein, kaltes Wasser nachgießen, bis er knapp bedeckt ist.

Den Lachs 24 Stunden im Sud liegen lassen.

Am nächsten Tag die Gelatine nach Gebrauchsanweisung auf der Packung vorbereiten. Von jeder Tomate einen kleinen Deckel abschneiden. Der Deckelkopf befindet sich auf der Seite des Stilansatzes.

Die Tomaten mit einem kleinen Teelöffel aushöhlen, innen salzen, auf ein Backblech setzen und bei ca. 100 Grad die Tomaten im Backofen grillen.

Das Mischgemüse in Butter dünsten, bis es bißfest ist. Den Lachs auf ein feinmaschiges Gitter geben und abtropfen lassen. Danach fein säuberlich die Haut abziehen. Unsere Urgroßmutter setzte entlang dem Rücken einen feinen Schnitt und zog vorsichtig die Haut zum Bauch hin ab. Den abgezogenen Lachs auf die Platte legen und mit der erkalteten Gelatine übergießen, einige Estragonblättchen auf den Fisch legen und nochmals mit Gelatine übergießen, damit die Estragonblättchen haften bleiben. Den Fisch an einen kühlen Ort stellen.

Den Rest der Gelatine mit einem Teelöffel Senf verrühren und erstarren lassen.

Die Mayonnaise mit den oben angegeben Zutaten nach dem Grundrezept (s. S. 19) zubereiten. Die Hälfte der Mayonnaise unter das Mischgemüse heben und die 12 Tomaten damit füllen. Die restliche Mayonnaise zum Essen in kleinen Schüsselchen reichen.

Den Fisch mit den gefüllten Tomaten und den Eierhälften garnieren. Die Senfgelatine mit einer Gabel zerstückeln und rings um den Fisch geben.

TIP: Hierzu paßt Basmati-Reis.

Unsere Urgroßmutter reichte ihren Gästen gebackenes weißes Knoblauchbrot.

Egli (Barsch) – Filet in Senfmarinade

1 kg Egli-Filet (Barschfilet)
1/8 l milder Senf
Gemüsebrühe
1 Ei
5 Zwieback, zerstoßen
Butter zum Braten

Mit dem Senf und der körnigen Gemüsebrühe nach Ihrem Geschmack eine Marinade herstellen.

Die Fischfiletstücke von beiden Seiten mit dieser Marinade bestreichen und 30 Minuten in einer Porzellanschüssel ziehen lassen. In der Zwischenzeit mit dem Ei und dem zerstoßenen Zwieback eine Panade herstellen. Die Filetstücke darin wälzen und in der Pfanne bei mittlerer Hitze in Butter von beiden Seiten goldbraun braten.

TIP: Dieses Gericht wurde nicht nur am Karfreitag gegessen. Es schmeckt mit Salzkartoffeln und einem trockenen Weißwein auch an jedem anderen Tag.

Die Urgroßmutter servierte ihren Gästen lieber filetierten Fisch. Es war ihr peinlich, wenn jemand einen Fisch nicht zerlegen konnte. Was eignete sich also besser als ein gut zubereitetes Fischfilet!

Kalbsbratwürstle mit süßem Senf und Kartoffelbrei

250 g Kalbfleisch, feingehackt
250 g eher magerer Speck, feingehackt
4 Sardellen, kleingehackt
1 kleine Handvoll frische Salbeiblätter, kleingeschnitten
1/2 Teel. Salz
1/2 Teel. weißer Pfeffer
2 Eier, verquirlt
altes Weißbrot, gerieben
Butter zum Braten oder gutes Olivenöl

Kalbfleisch und Speck vom Metzger feinhacken lassen oder im Fleischwolf zerkleinern. In einer Schüssel mit den Gewürzen, den Sardellen und dem Salbei gut mischen. Kleine Würstchen formen und mit dem gequirlten Ei und dem geriebenen Weißbrot panieren. Bei mittlerer Hitze die Kalbsbratwürste in zerlassener Butter von beiden Seiten goldbraun braten.

Der Kartoffelbrei sollte selbst hergestellt werden!

Rohe Kartoffeln schälen und in kleine Stücke schneiden. In Wasser sehr weich kochen und anschließend durch ein grobes Sieb mit einem Holzlöffel streichen. Den Brei mit Milch zu einer cremigen Masse verrühren. Butter und Salz hinzugeben und den Kartoffelbrei kurz aufkochen lassen. Zum Schluß 1 bis 2 Eigelb mit etwas Milch verquirlen und dem Kartoffelbrei unter vorsichtigem Rühren hinzufügen.

Süßen Senf (s. S. 10) jeweils 2 Teelöffel pro Portion auf den Eßteller geben.

TIP: Auch kalt schmecken Kalbsbratwürste mit süßem Senf!

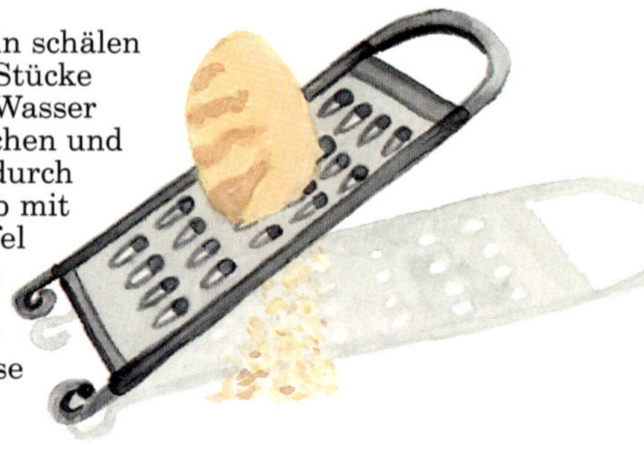

Senfmayonnaise
für Schalentiergerichte

2 Eigelb
½ l gutes Öl
2 Teel. scharfer Senf
2 Teel. Essig
Salz
Pfeffer

In eine Schüssel Eigelb, Salz, Pfeffer und Senf geben. Mit einem Schneebesen gleichmäßig schlagen, bis die Masse homogen ist. Achtung, das Öl am Anfang tropfenweise in die Schüssel geben. Am besten funktioniert es, wenn man das Öl tropfenweise am Schüsselrand herunterlaufen läßt und dabei gleichmäßig mit dem Schneebesen weiterschlägt. Hier ist ein wenig Akrobatik erforderlich. Hat die Masse in der Schüssel langsam an Konsistenz gewonnen, das Öl reichlicher hinzugeben. Am Schüsselrand langsam herunterlaufen lassen und weiterschlagen. Ganz zum Schluß den Essig unter ständigem Rühren hinzugeben.

Die Mayonnaise in ein sauberes Glas abfüllen, gut verschließen und sehr kühl aufbewahren!

TIP: Urgroßmutter legte die Zutaten für die Mayonnaise am Vormittag auf die Anrichte, damit sie nachmittags bei Öl, Essig und Eier die gleiche Raumtemperatur hatten. Dann gelang ihr die Mayonnaise besonders gut.

Essig und Essigaromen

Aus Wein, Branntwein oder Weingeist, Malz oder Bierwürze, aus sauer gewordenem Bier, aus Obstweinen, zerdrückten Obstsorten, unreif gebliebenen Weintrauben, Rüben oder Möhrensaft, Honig, Zuckersirup und gefrorenen Kartoffeln kann man sehr gut Essig selbst herstellen.

Das geschieht so:
In eine große Steingutflasche oder ein tönernes Gefäß ½ l Weinessig schütten. Dann ein walnußgroßes Stück Sauerteig dazugeben. Den Teig vorher mit etwas Salz verkneten und in einem kleinen Leinen- oder Baumwollsack in den Weinessig hängen. Jetzt ½ l Wein erwärmen und ihn langsam dazugeben. Alle 2 Tage ½ l erwärmten Wein vorsichtig dazugießen, bis das Gefäß voll ist. Das Säckchen mit dem Sauerteig herausnehmen und den Essig in der Flasche oder im Topf, mit Leinenlappen abgedeckt, 10 Tage stehen lassen. Der Essig ist fertig zur Benutzung.

Wenn der Essig zur Neige geht, kann man jederzeit mit erwärmtem Wein nachfüllen. Das Gefäß muß erst dann gereinigt werden, wenn sich zuviel Hefe abgesetzt hat. Genauso wurde früher in den großen Fabriken mit Mutterfässern verfahren. Sie wurden erst nach 8 bis 10 Jahren erneuert und gereinigt.

Und wie wurde zu Urgroßmutters Zeiten der Essig hergestellt? Nach langen Erzählabenden am Kamin – unsere Urgroßmutter schweifte immer wieder vom Thema ab, weil dieses oder jenes drumherum für sie sehr wichtig war und natürlich der gute Rotwein – habe ich es endlich geschafft, ihr das Rezept zu entlocken:

Zuerst wurde ein kleines Weißweinfaß aus Holz mit heißem Essig ausgespült. Danach kamen 1 kg gestoßener Zucker und $3^1/_2$ l Franzbranntwein hinein. Das Faß wurde nun kräftig gerüttelt, damit sich alles mischte und verteilte. Dann schüttete die Köchin filtriertes Wasser hinein – meistens war es filtriertes Regenwasser. Das Faß wurde an einen warmen Ort gestellt. Damals gab es noch keine Zentralheizung, ein Platz daneben hätte sich auch gut geeignet. Schließlich steckte die Köchin einen Hahnen in das Faß, legte über das Spundloch drei oder vier Lagen von grobem Mull, damit die Luft Zutritt hatte. Nach etwa 6 Monaten war der Essig fertig, und man konnte ihn in Flaschen abfüllen.

Sehr viel weniger professionell ist es, Weinreste irgendwo in der Küche herumstehen lassen und darauf zu warten, daß sich Hefepilze hineinverirren. Manchmal hat man Glück, und der Weinrest wird zum hinreißend wohlschmeckenden Weinessig.

Damals konnte man beim Essigkauf nicht immer sicher sein, ob er rein und unverfälscht war. Die Urgroßmutter wußte auch da einen guten Rat:

Sie benetzte die Oberlippe mit reinem, die Unterlippe mit dem zu probierenden Essig. Beide Lippen durften sich nicht berühren. Der reine Essig auf der Oberlippe verdunstet rasch, ohne einen sauren Geschmack zu hinterlassen. War der Essig auf der Unterlippe verfälscht, hinterließ er einen brennend scharfen Geschmack. So konnte man sehr schnell erkennen, ob man hinter´s Licht geführt worden war.

Ich habe ihre Methode ausprobiert, immer wieder, bis ich schließlich tatsächlich einen Unterschied feststellen konnte. Nun kann ich recht gut den billigen Essig vom guten unterscheiden.

Schalotten-Essig

125 g frisch geerntete Schalotten
1 l Weinessig

Die Schalotten schälen und in kleine Würfel schneiden, nicht hacken. Die gewürfelten Schalotten in eine weithalsige Flasche geben und mit bestem Weinessig aufgießen. Mindestens 12 Tage stehen lassen und jeden Tag 3 bis 4 mal die Flasche schütteln.

Nach dieser Zeit den Essig abgießen, durch Filterpapier schütten, in Flaschen abfüllen und gut verschließen.

TIP: Ist ein kräftigerer Schalottengeschmack gewünscht, so gießt man erst nach 14 bis 21 Tagen ab.

Dieser Essig kann als Würze für Soßen, Ragouts, Suppen oder Salate verwendet werden.

Nach dem selben Verfahren kann man herstellen:

Knoblauch-Essig

12 g kleingeschnittener Knoblauch
1 l guter Weinessig

Meerrettich-Essig

1/2 Stange Meerrettich, gerieben
1 l guter Weinessig

Zwiebel-Essig

125 g Zwiebeln, klein schneiden
1 l guter Weinessig

Anchovis-Essig

100 g kleingeschnittene Anchovis
1 l guter Weinessig

Estragon-Essig

200 g frische Estragonblätter
1 l guter Weinessig

2 Prisen Salz
2 Nelken
1 Teel. Zitronenschale, unbehandelt und gerieben

Die frischen Estragonblätter zum Trocknen auf einem mit einem Küchentuch ausgelegten Backblech ausbreiten. Die welken Blätter in 1 oder 2 Flaschen füllen. Am besten eignen sich 500 ml Flaschen!

In jede Flasche eine Gewürznelke sowie die geriebene Zitronenschale geben. Vorsichtig den Weinessig in die Flaschen gießen.

Die Flaschen gut verkorken und für mindestens 14 Tage an einen sonnigen Platz stellen. Danach alles durch ein feinmaschiges Küchensieb abseihen und den Essig in Flaschen abfüllen.

Gewürz-Essig

2 sehr kleine Muskatnüsse
8 g Senfkörner
4 g Nelken
4 g Ingwer (Pulver)
60 g Salz
4 g bunter Pfeffer
6 kleine Schalotten, kleinhacken
1 1/2 l guter Weinessig

In einem Mörser Muskatnüsse, Senfkörner und Nelken zerstoßen. Danach Ingwer, Salz, Pfeffer und die Schalotten hinzugeben und alles gründlich vermischen. Die Gewürzmischung gleichmäßig auf die Flaschen verteilen und den Weinessig in die Flaschen gießen.

Alle Flaschen sehr gut verkorken und mehrere Wochen an einen sonnigen Platz stellen. Die Flaschen ab und zu etwas drehen. Nach dem Ziehen den Inhalt durch ein Sieb gießen, den Gewürzessig in saubere Flaschen abfüllen und diese gut verschließen.

TIP: Diesen Gewürzessig verwendet man für Salatsoßen und Ragouts.

Himbeer-Essig

1 l guter Weinessig
1/2 kg gute Himbeeren

Die Himbeeren leicht mit einem Teelöffel zerdrücken und in Flaschen füllen. Danach die Flaschen mit dem Weinessig auffüllen. Die gut verkorkten Flaschen 14 Tage an einen sonnigen Platz stellen. Nach dieser Zeit den Essig in ein Sieb gießen, in die vorher ausgekochten Flaschen abfüllen und gut verschließen.

TIP: Himbeer-Essig benutzte unsere Urgroßmutter für Forelle blau, zu Salatsoßen und wenn sie im Sommer Limonade herstellte.

Selbstgemachter Himbeer-Essig schmeckt mir viel besser als gekaufter. Ich bin immer wieder über das feine Aroma erstaunt.

Himbeeressig ist übrigens keineswegs eine geschmäcklerische Erfindung unserer Tage. Die Urgroßmutter kannte ihn schon lange. In zweihundert Jahre alten Kochbüchern wird er empfohlen zur Würze für Forellen, aber auch zur Zubereitung erfrischender Getränke.

2 l schwarze Johannisbeeren
2 l rote Johannisbeeren
1 l guter Weinessig

Johannisbeer-Essig

Die Johannisbeeren in einem Sieb zerdrücken und den Saft in eine Schüssel abtropfen lassen. Am nächsten Tag den Johannisbeersaft mit dem Weinessig vermischen, 3 bis 4 Stunden stehenlassen. Danach durch einen Filter in sauber ausgekochte Flaschen füllen. Ein paar Tage offen an einen sonnigen Platz stellen. Mit einem Korken gut verschließen und an einem kühlen Ort aufbewahren.

Von folgenden Kräutern je eine Handvoll:

Estragonblätter
Basilikum
Thymian
Zitronenmelisse
Bohnenkraut
Schnittlauch
2 Lorbeerblätter
3 Schalotten, zerkleinern
3 Nelken
1/2 Teel. bunter Pfeffer
1 Prise Muskatpulver
1 1/2 l guter Weinessig

Kräuter-Essig

In eine große, weithalsige Flasche die oben angegebenen Kräuter geben und mit dem Weinessig auffüllen. Die Flasche mit einem Leinenläppchen abbinden und an einen sehr sonnigen Platz stellen.

Nach 3 Wochen den Essig filtrieren und in kleine, vorher abgekochte Flaschen füllen. Die Flaschen gut verschließen, um einen Aromaverlust zu vermeiden.

Pflaumen in Essig

3 kg Pflaumen,
groß und überreif
1 kg Zucker
1 l guter Weinessig
8 g Zimtstangen,
in der Hand zerreiben
6 g Nelken

Zimt und Nelken in ein Leinensäckchen geben und dieses zubinden. Den Zucker mit dem Weinessig aufkochen und das Leinensäckchen hinzugeben. Mit einem Schaumlöffel behutsam die Pflaumen in den Topf legen und alles zusammen ca. 3 Minuten weiterkochen lassen, bis die Schalen anfangen zu platzen. Mit dem Schaumlöffel herausnehmen und in Steintöpfe legen. Den lauwarmen Weinessig über die Pflaumen gießen.

Nach dem Erkalten den Steintopf mit einem festen Leintuch abbinden und den Korkdeckel fest draufsetzen. Die eingelegten Essigpflaumen an einem kühlen Ort aufbewahren.

TIP: Man kann auch die gut geputzten Pflaumen in die Steintöpfe legen, ohne sie aufzukochen. Dazwischen den zerkleinerten Zimt und die Nelken streuen. Den Weinessig mit dem Zucker aufkochen, bis er langsam dickflüssig wird. Die erkaltete Flüssigkeit über die Pflaumen gießen. Den Steintopf mit einem festen Leinentuch zubinden. Auf diese Steintöpfe keinen Korkdeckel setzen. In kühlen Räumen aufbewahren.

Rinderschmorbraten in Essig eingelegt

3 kg Rindfleisch (Schwanzstück oder Hüfte)
350 g Speckstreifen
4 große Zwiebeln, kleinhacken
3 Teel. Pfefferkörner (schwarz)
4 Lorbeerblätter
3 Thymianzweige
3 Basilikumzweige
1/4 Teel. gestoßene Nelken
1 Teel. Estragon
1 Teel. Pfefferkörner, gestoßen
3 Knoblauchzehen, kleingeschnitten
1 Teel Petersilie
1 Eßl. Kräutersenf
Kräuteressig
Malzbier

zur Bratenzubereitung:

300 g gelbe Rüben und 150 g Speckscheiben

Das große Rindfleischstück vorsichtig von Fett befreien und mit einem Holzklopfer von allen Seiten gut durchklopfen, ohne das Fleisch zu verletzen. Danach mit einem spitzen Messer kleine Öffnungen in das Fleisch schneiden und diese mit Speckstreifen, die zuvor durch die oben genannten Gewürze gezogen wurden, spicken. Das Fleisch in einen steinernen Topf oder in einen Römertopf legen. Die restlichen Gewürze auf das Fleisch streuen und nun bis zur Hälfte mit gutem Kräuteressig und dann mit Malzbier auffüllen, bis das Fleischstück vollständig bedeckt ist. Es darf mit keinem Zipfelchen in die Luft ragen.

Den Topf 8 Tage lang in den Kühlschrank oder an einen anderen kühlen Ort stellen. Das Fleisch jeden Tag einmal wenden.

Das Bratenfleisch herausnehmen und trockentupfen. Den Bratentopf mit Speckscheiben auslegen und diese mit den in Scheiben geschnittenen Gelben Rüben belegen. Dann den Schmorbraten in den Topf legen. Mit der Marinade begießen. Bei milder Hitze auf dem Herd schmoren lassen, immer wieder umdrehen und öfter begießen. Gegen Ende der Bratzeit (insgesamt etwa 90 Minuten) die Hitze etwas erhöhen.

Das obere Fett abschöpfen, mit einer Rinderbrühe aufkochen und mit einer hellen Mehlschwitze eindicken. Den Schmorbraten aus dem Topf nehmen und quer zum Faserlauf aufschneiden. Den restlichen Sud durch ein Sieb in die Soße rühren. Anschließend 2 bis 3 Eßl. über das angerichtete Fleisch geben.

TIP: Hierzu passen eingelegte Weintrauben (s. S. 12)

Ketchup

Ketchup ist keine Erfindung unserer Tage. Man kann es schon lange in den Kochbüchern unter diesem, aber auch anderen Namen finden. Und da zeigt es sich, daß es nicht der Einheits-Tomaten-Papp sein muß.

Man bereitete es selbst zu und verwendete nicht nur Tomaten, die sowieso noch keine große Rolle spielten, sondern, wie zu sehen sein wird, je nach Saison auch andere Früchte.

Ketchups sind haltbare Vorratssoßen, in denen verarbeitet wurde, was die Natur gerade reifen ließ. Die Urgroßmutter stellte ihre pikanten Vorratssoßen aus Champignons, Walnüßen und Tomaten her.

Das Wort Ketchup kommt übrigens aus dem Holländischen und bedeutete ursprünglich „Fischsoße“.

Champignon-Ketchup

Zutaten für einen 9 bis 10 l großen Steintopf:

Völlig ausgewachsene Champignons, soviel wie in das 9 Liter Gefäß passen.
375 g Salz
7 g Piment pro 1 l Flüssigkeit
7 g schwarze Pfefferkörner pro 1 l Flüssigkeit
ein kleines Stückchen Ingwer
5 Gewürznelken

Die Champignons mit einer feinen Bürste von Sand und Schmutz befreien. Wurmstichige Stellen mit dem Messer gut entfernen. Die Pilze nicht waschen, sie müssen zur weiteren Verwendung sehr trocken sein. Die unteren Teile der Stiele abschneiden. Die Champignons in Stücke teilen und in den Steintopf legen. Zwischen die Lagen immer wieder Salz streuen.

Den Steintopf gut zudecken und 3 Tage stehen lassen. Die Champignons ganz vorsichtig mit einem Holzlöffel 3 mal täglich umrühren. Nach diesen 3 Tagen den Topf bei 50 bis 70 Grad ca. 30 Minuten in den Backofen stellen. Topf herausnehmen und den Inhalt durch ein Tuch abseihen. Achtung: Die Champignons nicht verletzen.

Die Flüssigkeit in einem Meßbecher abmessen. Es kommt bei der weiteren Verarbeitung auf die Flüssigkeitsmenge an. Pro Liter gewonnener Flüssigkeit 7 g Piment und 7 g schwarze Pfefferkörner hinzugeben. Danach etwas Ingwer, die Nelken und eine Messerspitze Muskatnuß hinzugeben und den Sud mit den Pilzen bis zur Hälfte einköcheln lassen. Durch ein feinmaschiges Sieb gießen und die Pilze mit einem Holzlöffel durchdrücken.

Auskühlen lassen und in vorher gut ausgekochte und getrocknete Flaschen abfüllen. Die Flaschen am Flaschenhals gut säubern, verkorken und, wenn Zeit und Lust vorhanden ist, verharzen, das heißt man tröpfelt verflüssigtes Harzwachs, welches in gut sortierten Bastelgeschäften oder Ökoläden zu kaufen ist, über den Korken. Anleitungen hierzu finden sich beim Kauf der einzelnen Harzprodukte.

Das Champignon-Ketchup muß an einem kühlen Ort aufbewahrt werden!

TIP: Sollten Sie selbst Champignons sammeln, dann tun Sie dies nur an trockenen Tagen. Die Champignons müssen reif und dürfen nicht angefault sein. Bei feuchten oder angefaulten Champignons kann es passieren, daß das Ketchup innerhalb kürzester Zeit schlecht wird.

Tomaten-Ketchup

Kleine, reife Tomaten, soviel wie in einen 2 Liter-Steintopf passen
125 g Salz
125 g Schalotten, schälen
18 kleine Capsikum-Beeren (Erklärung siehe unten)

Die Tomaten in Scheiben schneiden und schichtweise in einen irdenen Topf (Römertopf oder Steintopf) legen. Jede Schicht salzen. Gut abgedeckt 24 Stunden stehen lassen. Am nächsten Tag den Saft in einen Topf abgießen und mit den Schalotten und den Capsikum-Beeren aufkochen. Die Tomaten durch ein Sieb hindurchstreichen. Den Tomatenbrei in die jetzt köchelnde Flüssigkeit geben und 30 Minuten etwas mehr als köcheln lassen.

Das Tomaten-Ketchup etwas abgekühlt (gut lauwarm!) in sauber ausgekochte, aber noch warme Flaschen füllen. Den Flaschenhals sehr gut säubern. Das Ganze bei offener Flasche erkalten lassen. Danach die Flaschen gut verkorken und verharzen. An einem kühlen Ort aufbewahren und nicht über längere Zeit direkter Lichteinwirkung am Fenster aussetzen!

TIP: Capsikum-Beeren sind die unreifen, grünen oder die reifen, scharlachroten Schoten oder Samenkapseln des spanischen Pfeffers (scharfe, längliche, sehr kleine Paprikaschoten). Man kann sie in Blumentöpfen auf dem Balkon ziehen. Die Früchte werden im Ofen getrocknet. Der Geschmack ist brennend. Man kann sie von der Schärfe her sehr gut mit Chilipulver vergleichen.

Tomaten-Ketchup, anderer Art

750 g Tomaten
½ l Essig
2 rote, scharfe Pfefferschoten
1 Teelöffel Pfeffer aus der Mühle
einige Nelken
geriebene Muskatnuß
Salz
50 g Zucker

Die Tomaten vierteln und mit den anderen Zutaten, außer dem Zucker, aufkochen. Wenn die Tomaten zerfallen, die Masse durch ein Sieb streichen. Noch einmal aufkochen lassen und – falls das Ketchup noch zu flüssig ist – so lange kochen lassen, bis es dickflüssig ist. Dann den Zucker hinzugeben. In kleine Flaschen füllen.

TIP: 2 große, kleingeschnittene Zwiebeln mitkochen lassen.

Ketschap

1½ kg Tomaten
125 g Zwiebeln
1 Stück Sellerie
½ rote Pfefferschote
2 Eßl. Salz
2 Eßl. Senfmehl
93 g brauner Kandiszucker
5 g Pfeffer aus der Mühle
3 g Muskatblüte
3 g gemahlene Nelken
¼ l Weinessig

Alle Zutaten zusammen etwa 3 Stunden lang kochen. Durch ein Haarsieb streichen. Kühl aufbewahren. Nach 3 bis 4 Tagen nochmals aufkochen und dann heiß in kleine Fläschchen füllen und gut verschließen.

TIP: Der Name dieses Ketchups ist kein Druckfehler. Er steht so in einem hundert Jahre alten Kochbuch.

Walnuß-Ketchup

Viele junge Walnüsse
375 g Sardellen mit Gräten
375 g Schalotten
12 Gewürznelken
8 g geriebene Muskatnuß
12 g Pfefferkörner
1 kleine Knoblauchzehe

Im Juli oder August frische Walnüsse sammeln. Sie haben dann noch ihre äußerste grüne Schale. Nur die Walnüsse nehmen, die man mit einer Stricknadel durchstechen kann.

Walnüsse mit Schale im Mörser stoßen. In einem Topf stehen lassen, damit sich der Saft absetzen kann. Diese Flüssigkeit (etwa 2 l) durch ein Sieb gießen und zum Kochen bringen. Den Schaum mit einer Schaumkelle abschöpfen. Danach Sardellen, Schalotten, Nelken, Muskatnuß, Pfefferkörner und die Knoblauchzehe hineingeben und solange kochen lassen, bis die Sardellen zerkocht sind. Die Flüssigkeit mit einem Holzlöffel durch ein Sieb streichen und zum Abkühlen stehen lassen. Dann in die vorbereiteten Flaschen geben.

Den Flaschenhals säubern und zum Schluß noch eine kleine Walnuß in die Flasche geben. Die Flaschen verkorken und mit Harzwachs versiegeln.

TIP: Walnuß-Ketchup einige Wochen ruhen lassen, erst dann entfaltet es das richtige Aroma. Dieses Ketchup hält sich sehr lange.

Holunder-Ketchup

½ l reife Holunderbeeren, ohne Stiel
½ l Weinessig
30 g Schalotten
1 Messerspitze geriebene Muskatnuß
Ingwerstück, 1 cm lang
5 Gewürznelken
1 Teel. Pfefferkörner

Die entstielten Holunderbeeren in einen Steintopf legen und mit ½ l kochendem Weinessig begießen. Den Topf eine ganze Nacht bei 50 Grad in den Backofen oder auf die Zentralheizung stellen. Den Steintopf mit einem Deckel verschließen, da sonst die Flüssigkeit schnell an Wärme verliert.

Am nächsten Morgen den Essig in einen Topf abschütten. Achtung, die Beeren nicht verletzen, wegen der Färbung!
Die Beeren werden anschließend weggeworfen.

Den Essig mit den Gewürzen 8 Minuten lang aufkochen und erkalten lassen. Den Holunder-Ketchup in Flaschen – mit den Gewürzen – abfüllen.

TIP: Ideal zu allen Fischspeisen und Fischsoßen.

Essenzen und Würzpulver

Essenzen sind hochkonzentrierte, flüssige Auszüge aus Pflanzen oder anderen Lebensmitteln. Sie enthalten die Geschmacks- oder Geruchsstoffe ihrer Ausgangszutaten in konzentrierter Form und werden zum Würzen von Speisen verwendet.

So trocken klingt dies, wenn man das Wort Essenz in einem Lexikon nachschlägt. Düfte aber schlugen uns entgegen, wenn wir Urgroßmutters dunkle Flaschen entkorkten.

Bei den folgenden Rezepten fällt auf, daß sie meist sehr große Mengen von Zutaten erfordern. Die Urgroßmutter war nämlich sehr praktisch veranlagt. Zwei Liter einer Essenz, so rechnete sie, erfordern nicht doppelt so viel Arbeit und Zeit wie ein Liter. Außerdem wollte sie günstige Angebote nutzen oder den glücklichen Umstand, daß ein Jäger in der Bekanntschaft gerade großes Jagdglück hatte oder die Pilzgründe mal wieder besonders ergiebig waren.

Champignon-Essenz

500 g größere Champignons
2 große Zitronen
5 g Salz
$^1/_2$ l Hühnerbrühe (früher selbsthergestellt, heute auch fertig zu kaufen)

Die Champignons unter klarem Wasser putzen, trockentupfen und in einen Topf geben. Den Saft der Zitronen und das Salz dazugeben. Mit einem Kochtopfdeckel abdecken und ca. 5 bis 6 Minuten bei mittlerer Hitze köcheln lassen. Die Hühnerbrühe darübergießen und 15 Minuten weiterkochen lassen. Danach alles mit einem Stampfer im Topf zerdrücken. Die Essenz durch ein Tuch seihen.

Die durchgeseihte Champignon-Essenz in eine dunkle Flasche füllen und sehr gut verschrauben oder verkorken, damit das Aroma nicht verlorengeht.

TIP: Bei hellen Flaschen ist die Lichteinwirkung stärker als bei gefärbten oder dunklen. Die Lichteinwirkung sorgt für einen Umwandlungsprozeß, der Sie zwingt Ihr Produkt schneller zu verbrauchen. Je dunkler das Aufbewahrungsgefäß, desto länger können Sie ihre Essenz verwenden.

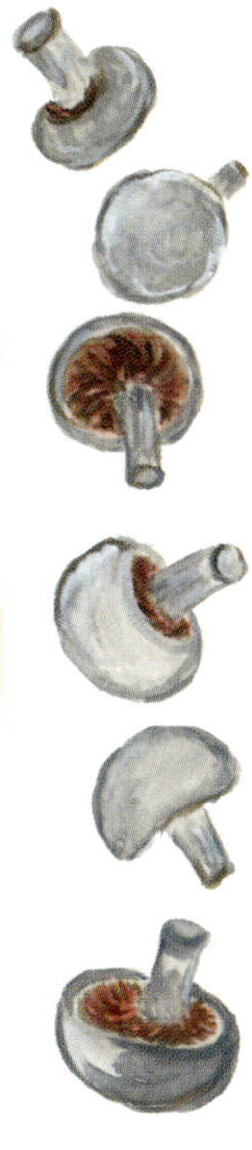

Fisch-Essenz

1,5 kg kleinere, unterschiedliche Fische wie Karpfen, Forelle, etc.
3 große Zwiebeln
2 große Gelbe Rüben
2 Lorbeerblätter
2 Gewürznelken
10 g Salz
3 g Pfefferkörner
2 l Wasser
1/2 l Weißwein
1 kleiner Strauß Petersilie
1 kleiner Strauß frischer oder 1Teel. getrockneter Estragon

Die gut gereinigten Fischsorten zerkleinern und mit den 3 zerhackten Zwiebeln, den in dicke Scheiben geschnittenen Gelben Rüben sowie allen oben angegebenen Gewürzen in einen großen Topf geben. Wasser und Wein darübergießen und bei ganz kleiner Hitze mehrere Stunden vor sich hinköcheln lassen, bis der Fisch zu Brei zerfallen ist. Jetzt die Fischessenz durch ein Tuch seihen und in dunkle Flaschen mit gutem Verschluß abfüllen.

TIP: Die abgefüllten Flaschen gut beschriften und Herstellungsdatum nicht vergessen! Kühl aufbewahrt halten die Essenzen über Monate.

Zu verwenden ist die Fischessenz zum Würzen von Fischsoßen und Fischragouts.

Gewürz-Essenz

$^{3}/_{4}$ l Weißwein
2 Eßl. Essig
120 g Salz
1 g Pfefferkörner
4 Gewürznelken
30 g Morcheln
4 Lorbeerblätter
10 Schalotten
1 Knoblauchzehe
1 Bund Petersilie
1 halber Teel. Koriander
1 große Gelbe Rübe (in Scheiben geschnitten)
1 Zwiebel
2 Zweige Thymian
6 Stengel Kerbel
2 kleine Sellerieknollen (gewürfelt)
2 Stengel Estragon

Alle Zutaten in einen Römertopf oder in eine gußeiserne Kasserole geben und 10 Minuten lang kochen lassen. Danach den Topf von der Herdplatte nehmen und gut verschlossen in den Backofen stellen. Bei kleiner Hitze, d.h. ca. 70 bis 100 Grad, sieben bis acht Stunden ziehen lassen. Danach die Gewürzessenz durch ein Tuch seihen und in kleine, dunkle Flaschen füllen.

TIP: Wer selbsthergestellte Gewürzessenz einmal ausprobiert hat, wird sie nicht mehr gegen gekaufte Essenzen eintauschen wollen.

Zu verwenden für Soßen, Suppen etc.

Gewürz-Essenz, anderer Art

30 reife Walnüsse
10 g Muskatblüte, gemahlen
5 g Nelkenpfeffer, gemahlen
5 g Nelken, gemahlen
5 g Ingwer, gemahlen
15 g weiße Senfkörner, gemahlen
2 g ganze Pfefferkörner
4 Lorbeerblätter
eine kleine Stange Meerrettich, gerieben
3 Schalotten, kleingeschnitten
eine Handvoll Salz
$^{1}/_{2}$ l Weinessig

Die Walnüsse entkernen und, wenn sie noch frisch sind, die Häutchen entfernen. Mit allen anderen Zutaten in einen Steinguttopf schichten und mit dem kochend heißen Essig übergießen. Wenn die Mischung erkaltet ist, den Topf mit Papier zubinden und ihn drei bis 4 Wochen an einen luftigen, sonnigen Platz stellen. Dann die Flüssigkeit durch ein Tuch gießen, die im Tuch verbliebenen Gewürze gut ausdrücken. Die so gewonnene Essenz stehen lassen, bis sich ein Bodensatz gebildet hat. Vorsichtig in Flaschen füllen. Gut verkorken.

Knoblauch-Essenz

6 Knoblauchzehen
6 Gewürznelken
2 Lorbeerblätter
1 Stück Würfelzucker
1 l trockener Weißwein in der Flasche

Die Knoblauchzehen mit je einer Gewürznelke spicken. Die unbeschädigte Weißweinflasche öffnen und einen großen Schluck Wein in ein Glas abgießen. Den Knoblauch, die Lorbeerblätter und den Würfelzucker in die volle Weinflasche geben. Die Flasche in ein köchelndes Wasserbad stellen, bis die Hälfte der Flüssigkeit in der Flasche verkocht ist. Durch einen Kaffeefilter gießen und tröpfchenweise direkt in kleine Portionsflaschen auffangen.

TIP: Nach dem Filtern und Einfüllen die Flaschen gut verschließen. An die gut leserliche Beschriftung und das Herstellungsdatum denken. An kühlen Orten hält sich diese Essenz über Monate.

Die Knoblauchessenz eignet sich sehr gut für Fisch- oder Fleischbrühe. Natürlich kann man die Knoblauch-Essenz auch überall dort verwenden, wo normalerweise Knoblauch verwendet wird. Bitte daran denken, daß wenige Tröpfchen genügen!

Trüffel-Essenz

1 kg Trüffeln
1 Flasche Madeira
1 l kräftige Gemüsebrühe
1 Bund Petersilie
10 kleine, feine Schnittlauchstengel
1 Handvoll Estragon
10 g Salz
3 g weißer Pfeffer, gestoßen

Die Trüffeln sehr sauber reinigen und würfeln.
In einen Kochtopf geben, zuerst mit Madeira und danach mit der Gemüsebrühe übergießen. Anschließend die restlichen Zutaten oben draufgeben. Den Topf mit einem Deckel verschließen und die Flüssigkeit bei großer Hitze 30 Minuten lang kochen. Nach dem Erkalten die Essenz durch ein Sieb streichen.

Die Trüffel-Essenz bewahrt man in kleinen Gläsern auf.

TIP: Die Trüffelessenz nur tröpfchenweise zum Würzen von Soßen verwenden.

Die Trüffeln aus dem Sud nicht wegwerfen! Man kann sie für Ragouts, Nudelsoßen etc. aufheben.

Die Trüffeln haben durch das Aufkochen nichts von ihrem Wohlgeschmack verloren.

Trüffeln sind heute fast unerschwinglich. Unsere Urgroßmütter konnten sie viel billiger kaufen, oft kannten sie genau die Stellen, an denen es Trüffeln gab. Natürlich wurde ein solches Geheimnis niemals weitergegeben, nicht einmal der besten Freundin! Die Fundstelle blieb ein Familiengeheimnis.

Wildbret-Essenz

$^1/_2$ kg Hirschfleisch
2 kleine Rebhühner, ausgenommen (oder 1 Fasan)
2 kleine Kaninchen, ausgenommen
2 l Fleischbrühe
$^1/_2$ l trockener Weißwein
2 Zwiebeln
2 große gelbe Rüben
1 Eßl. Thymian
1 Eßl. Basilikum
16 Wacholderbeeren
2 Gewürznelken

Das Fleisch in Stücke zerlegen, im Kochtopf mit der Fleischbrühe übergießen und zum Kochen bringen. Wenn die Brühe kocht, den Weißwein hinzugeben und bei mittlerer Hitze langsam einkochen lassen. Jetzt erst kommen die anderen Gewürze hinzu. Alles solange köcheln lassen, bis das Fleisch weich ist. Nach dem Erkalten mit einem Schaumlöffel die Gewürze von der Oberfläche abschöpfen und die Flüssigkeit durch ein Tuch abseihen.

TIP: Die Wildbret-Essenz findet Verwendung bei allen Wildgerichten.

Das weichgekochte Fleisch von den Knochen lösen und für eine Wildsuppe verwenden.

Essig-Pulver

250 g Cremor tartari
(in Apotheken erhältlich)
1 l guter und starker Weinessig

Das Cremor tartari Pulver auf einen großen flachen Teller verteilen, den Weinessig darüber gießen, bis das Pulver sehr naß ist. Den Teller an einen sonnigen Platz oder auf den Holzkohleofen, falls noch vorhanden, stellen. Pulver eintrocknen lassen und erneut Weinessig drübergießen. Diesen Vorgang ungefähr 10 bis 12 mal wiederholen.
Danach das getrocknete Pulver in Fläschchen abfüllen und gut mit einem Korkverschluß verschließen.

½ bis ein ganzer Teelöffel mit ½ l Wasser vermischt, ergibt einen guten und sehr starken Essig.

TIP: Früher gab es nicht immer und überall guten Essig. Deshalb stellte man dieses Pulver her.

Heute benutzen Überlebensfreaks diese Technik, die Tage und Wochen mit wenigen Materialien ausgestattet, den Dschungel oder Himalaja erkunden wollen.

Pilz-Pulver

Steinpilze und Champignons oder Steinpilze und Eier schwämmchen, so viel wie in einen Topf von 6 l passen
2 große Zwiebeln
1 Teel. Salz
2 Teel. weiße Pfefferkörner, gestoßen
¼ Teel. Nelken, gestoßen
¼ Teel. Muskatpulver

Die Pilze sorgfältigst putzen, d.h. mit einem Pinsel den Schmutz abputzen und mit dem Messer Schadstellen abschneiden. Danach mit Wasser waschen.

Die Pilze und die oben genannten Gewürze mit ½ l Wasser in einen Topf geben. Bei mäßiger Hitze köcheln lassen. Zwischendurch immer wieder von der Flüssigkeit abschütten. Achtung! Auf dem Topfboden muß genügend Wasser bleiben, damit die Pilze nicht anbrennen. Zum Schluß das Brühwasser verdampfen lassen, auch hierbei dürfen die Pilze nicht anbrennen. Die Pilze auf ein Spanngittersieb legen und bei ca. 50 Grad in den Ofen schieben. Die Pilze langsam trocknen lassen. Danach die Pilze im Mörser zu Pulver stoßen, in kleine Tongefäße abfüllen und mit Korken verschließen.

TIP: Dieses grobe Pilzpulver verwendet man zur Verfeinerung von Soßen und Suppen oder als Würzmittel für Braten.

Gewürzextrakt

15 g Gewürznelken
1 große Handvoll Walnüsse, abbrühen und schälen
15 g ganze Muskatnuß, stoßen
1 Teel. Ingwer, reiben
1 Teel. Knoblauch, reiben
30 g Senfkörner
4 g schwarze Pfefferkörner
3 Eßl. Salz
6 Lorbeerblätter
1 mittelgroße Meerrettichstange, reiben
2 l Weinessig

Die Zutaten in der obigen Reihenfolge nacheinander in einen Topf schichten.

Dann 1 l kochenden Weinessig darübergießen und den Topf nach dem völligen Erkalten verschließen. Den Topf verschlossen an einen luftigen Ort wie z. B. Fensterbank oder Keller, aber nicht in den Kühlschrank, stellen. Nach 14 Tagen den Gewürzextrakt durch ein feines Sieb geben, in kleine Flaschen abfüllen und mit Kork verschließen.

Für einen zweiten, weniger intensiven Extrakt das, was im Sieb verbleibt, nochmals mit 1 l kochenden Weinessig aufgießen und 3 Wochen in einem verschlossenen Topf an einem luftigen Ort ziehen lassen. Danach den Gewürzextrakt wieder abseihen und in kleine Flaschen abfüllen. Mit Kork verschließen.

TIP: Diesen Gewürzextrakt verwendet man zum Würzen von braunen

Ragouts. Für einen pikanten Geschmack werden 1 oder 2 Teel. Gewürzextrakt benötigt.

Soßen

Die Soßen sind für die Speisen das, was die Grammatik für die Sprache und die Tonleiter für die Musik ist. Sie dienen dazu, den Geschmack der Speise hervorzuheben, und, wie unsere Urgroßmutter sagte, zu vervollkommnen, und damit meinte sie, daß jedes übertriebene Würzen zu vermeiden sei.
Bevor die Urgroßmutter zum Soßenmachen schritt, stellte sie braune und weiße Grundsoßen her.
Hier ihr Rezept für die Zubereitung einer **braunen Grundsoße**, die in zwei Arbeitsgängen hergestellt wurde.
Als erstes stellte Urgroßmutter eine kräftige Brühe, einen Fond, her:
Den Boden eines großen Kochtopfes gut mit Butter ausstreichen und mit 250 g mageren, rohen Schinkenscheiben auslegen. 500 g gewürfeltes Kalbfleisch, 2 große geviertelte Zwiebeln, ein großes zerlegtes Huhn, 500 g mageres Rindfleisch, 4 gewürfelte gelbe Rüben und 1 Strauß zerkleinerte Petersilie aufeinander schichten. Mit 1/2 l Fleischbrühe aufgießen. Bei allerkleinster Hitze alles einkochen und bräunlich anziehen lassen. Unbedingt darauf achten, daß nichts anbrennt.
Mit 2 l heißer Rinderbrühe aufgießen und je eine kleine Handvoll zerkleinertes Basilikum, Thymian und Bohnenkraut hinzugeben. 1 große Handvoll getrocknete Champignons einstreuen. Bei kleiner Hitze ca. 90 Minuten köcheln.
Und so geht es weiter:
125 g Butter in einem Topf schmelzen lassen, unter ständigem Rühren 2 Eßl. Mehl hinzugeben und bräunlich werden lassen. Nach und nach die erkaltete, durchgesiebte Brühe hinzugeben, bis eine glatte Soße entsteht. Diese Mischung in die restliche Brühe geben und weitere 90 Minuten einköcheln lassen. Danach durch ein grobes Sieb seihen und in gut verschlossenen Gefäßen kühl aufbewahren.
Helle Grundsoße, oft auch „Deutsche Soße“ genannt. Sie wird ähnlich wie die braune Grundsoße zubereitet. Anstatt der Fleischbrühe nimmt man für den Fond 1/2 l Kalbsbrühe zum Einköcheln, bis eine gallertartige lichtgelbe Brühe am Boden ansetzt. Jetzt 2 l helle Fleischbrühe hinzugeben und 2 Stunden weiter köcheln lassen.
Aus Butter, Mehl und etwas Brühe eine helle Mehlschwitze vorbereiten und diese unter ständigem Rühren in den hellen Fond geben. 4 Lorbeerblätter hinzufügen und 90 Minuten einköcheln lassen. Nach dem Einköcheln durch ein grobes Sieb abseihen und in gut verschlossenen Gefäßen im Kühlschrank oder an einem anderen kühlen Ort aufbewahren.

Gelbe Senfsoße

60 g Butter
1 gehäuften Eßl. Mehl
$^{1}/_{4}$l Fleischbrühe
2 Eßl. Senf
2 Teel. brauner Zucker
1 Prise Salz
2 Eigelb

Die Butter in einem Stahltopf schmelzen. Das Mehl unter ständigem Rühren mit einem Holzlöffel hinzugeben und anschwitzen, bis es gelblich wird. Brühe und Senf hinzugeben. Dabei ständig mit dem Schneebesen rühren, es dürfen keine Klümpchen entstehen. Salz und Zucker einstreuen und weiter köcheln lassen. Kurz vor dem Anrichten den Topf von der Hitzequelle nehmen und mit dem Schneebesen das Eigelb hineinschlagen.

TIP: Diese gelbe Senfsoße wird zu Rindfleisch, Zunge, Bratwürsten und Wildschweinfleisch gereicht.

Braune Senfsoße

$^{1}/_{4}$l braune Grundsoße
1 Eßl. Senf
1 Zitrone, ausgepreßt
$^{1}/_{4}$ Teel. Salz
$^{1}/_{4}$ Teel. brauner Zucker

Die braune Grundsoße mit dem Senf, dem Zitronensaft sowie dem Salz und dem braunen Zucker auf kleiner Flamme köcheln, bis sich der Zucker aufgelöst hat.

Thymian

Geschlagene Senfsoße

70 g Butter
3 Eigelb
125 g Senf
(ihrer Wahl)
1 Teel. Mehl
1 Teel. unbehandelte
Zitronenschale,
gerieben
1 Teel. Zitronensaft
1 Teel. Zucker
1/8 l trockener
Weißwein
1/8 l Fleischbrühe

Die Butter bei mittlerer Hitze in einem Stahltopf zu Schaum rühren und nach und nach das Eigelb, den Senf, das Mehl, die geriebene Zitronenschale, den Zitronensaft, Zucker, Weißwein und die Fleischbrühe hinzugeben. Auf kleiner Flamme bis kurz vor dem Aufkochen ständig kräftig schlagen.

TIP: Die Soße erst vor dem Servieren zubereiten, nicht schon Stunden vorher. Sie fällt zusammen.

Die geschlagene Senfsoße wird zu Rind- und Schweinefleisch oder zu Wildschwein gereicht.

Kalte Senfsoße

3 Eier, hartgekocht
1 Eigelb
2 Eßl. feiner Senf
1 Prise Salz
1/4 Teel. weißer Pfeffer
1/4 Zwiebel, gerieben
3 Eßl. trockener Weißwein
1 Eßl. Weinessig
8 Eßl. Nußöl (Walnuß, Sesam, etc.)
1/4 Teel. Zucker
1 Teel. roter Johannis- oder Himbeersaft

Mit einem Holzlöffel das gekochte Eigelb mit dem rohen Eigelb verrühren. Senf, Salz und Pfeffer, die geriebene Zwiebel, den Weißwein und den Weinessig hinzugeben und alles gleichmäßig verrühren. Mit einer Gabel das Öl unter ständigem Schlagen hinzugeben.
Diese Soße wird nicht so fest wie eine Mayonnaise, sie hat die Konsistenz einer Remouladensoße.

Zum Schluß wird der Zucker und der Saft unter vorsichtigem Rühren untergezogen.

TIP: Diese Soße zu kaltem, aufgeschnittenem Fleisch, gegartem und kaltem Fisch oder zu hartgekochten, halbierten Eiern reichen.

Dies war das Rezept zu Urgroßmutterszeiten. Die Großmütter hatten schon wieder eine abgeänderte Form für die „Kalte Senfsoße“:

5 hartgekochte Eigelb mit dem Holzlöffel durch ein Sieb streichen und mit 2 Eßlöffeln Senf, 60 g gewässerten und kleinzerhackten Anchovis und je 1 Teelöffel zerhacktem Estragon, Schnittlauch, Petersilie sowie 2 Eßlöffeln Nußöl, 4 Eßlöffeln guten Weinessig und 1/4 Teelöffel Zucker gut verrühren.

Diese Soße paßt ebenfalls zu kaltem Fleisch, Fisch und hartgekochten Eiern.

Kräutersenfsoße zu Fischgerichten

2 Eßl. Mehl
Wasser
5 Eigelb
2 Eßl. Estragon-Essig
(s. S. 23)
¼ l Fleischbrühe
70 g Butter, zerlassen
1 Prise Salz
1 Prise Muskat
1 Teel. Senf
1 Prise weißer Pfeffer
90 g nichtzerlassene
Butter
3 Eßl. gehackte Kräuter:
Kerbel, Petersilie,
Schnittlauch, Estragon

Mehl mit etwas kaltem Wasser glattrühren. Das Eigelb mit dem Estragonessig und der Fleischbrühe verquirlen. Die Butter zerlassen, Salz und Muskat sowie die verquirlte Eimasse und das mit Wasser angerührte Mehl einrühren und auf einer kleinen Flamme zu einer dicklichen Soße einkochen. Erst jetzt Senf, Pfeffer und Butter unter ständigem Rühren hinzugeben. Kurz bevor die Soße serviert werden soll, vorsichtig die gemischten Kräuter unterheben.

Senfsoße zu Fischgerichten

2 Eier, hartgekocht, davon nur das Eigelb	
1 Teel. Senf	
1 Teel. brauner Zucker	
$^1/_2$ Teel. Salz	
$^1/_4$ Teel. bunter Pfeffer	
2 Sardellen, feingehackt	
1 Schalotte, feingehackt	
1 Teel. Kapern, zerkleinert	
2 Eßl. Sauerrahm	
1 Eßl. Estragon-Essig (s. S. 23)	
1 Teel. Zitronensaft	

Das Eigelb mit Senf und Zucker verrühren. Salz, Pfeffer, die feingehackten Sardellen sowie die Schalotte und die Kapern vorsichtig mit einer Gabel verrühren und unter die Eigelbmasse heben. Sauerrahm, Estragon-Essig und Zitronensaft vorsichtig unterziehen und zuerst langsam, dann immer schneller werdend verrühren.

TIP: Unsere Urgroßmutter hob unter die Fischsoße, wenn sie rot werden durfte, immer einige Würfel Rote Bete. Sie sagte, dies schmecke noch herzhafter.

Einfache Senfsoße zu warmem Fisch

125 g Butter
2 Eßl. Senf
1/4 l Fischbrühe
1 Eigelb

Die Butter in einem Stahltopf bei mittlerer Hitze zerlassen und unter ständigem Rühren Senf und die Fischbrühe hinzugeben. Danach die Fischsoße mit dem Eigelb legieren, d.h. den Topf von der Hitzequelle nehmen und unter ständigem Quirlen das Eigelb hinzugeben.

Fleischküchle mit Senfsoße

250 g feingehacktes rohes Rindfleisch
250 g feingehacktes Kalbfleisch
250 g feingehacktes Schweinefleisch
250 g Butter
4 Eier
18 g Salz
80 g zerstoßenes, trockenes Weißbrot
abgeriebene Schale einer ungespritzten Zitrone
1 Messerspitze geriebene Muskatnuß
5 – 8 Zwieback, kleingestoßen

Das feinzerkleinerte Fleisch mit 125 g Butter und den Eiern zu einem Fleischteig vermengen. Salz, zerstoßenes Weißbrot, gemahlene Muskatnuß und die abgeriebene Schale einer Zitrone hinzugeben. Den Teig sehr gut durchkneten. Runde Fleischküchle formen und in dem zerstoßenen Zwieback wälzen.

Die Fleischküchle bei mittlerer Hitze mit der restlichen Butter von beiden Seiten braten. Man kann langsam ein bißchen Wasser hinzugeben, damit sich etwas Soße bildet, die anschließend für die Senfsoße verwendet wird. (Senfsoße s. S. 45)

TIP: Hier habe ich ein altes Fleischküchle Rezept gefunden. Es ist aus dem Jahre 1897, also genau 100 Jahre alt. Es stand auf einem vergilbten Zettel, der irgendwo zusammengefaltet in einem Kochbuch unserer Urgroßmutter lag. Handschriftlich ist vermerkt, daß die Fleischküchle mit Senfsoße besser schmecken, wenn man in den Pfannensatz noch etwas sauren Rahm gibt.

Fleischküchle vom Hirsch mit Senfsoße

500 g Hirschfleisch ohne Haut und Sehnen
250 g sehr fettes Schweinefleisch
150 g Weckle (Brötchen)
1 gestrichener Teel. Salz
½ Teel. Pfeffer
1 Messerspitze geriebene Muskatnuß
3 ganze Eier
5 – 8 Zwieback, gestoßen
6 Wacholderbeeren, halbiert
reichlich Butter zum Braten

Das Weckle in Wasser einweichen und gut ausdrücken. Das Fleisch sehr fein hacken und mit dem Weckle, Salz, Pfeffer, geriebener Muskatnuß und den Eiern zu einem Teig kneten. Alles muß gut miteinander vermischt sein.

Mehrere runde Fleischküchle formen und in dem zerstoßenen Zwieback wälzen. In reichlich Butter die Wacholderbeeren geben und die Fleischküchle darin bei mittlerer Hitze von beiden Seiten goldbraun braten.

TIP: Dazu schmeckt am besten die geschlagene Senfsoße (s. S. 46). Den Bratensatz teelöffelweise zur Senfsoße hinzugeben (ca. 3 bis 5 Teel.).

Hierzu kann man junges Gemüse servieren und einen trockenen Weißwein reichen.

4 l große Miesmuscheln
2 Zwiebeln, fein hacken
30 g Butter
1/4 l trockener Weißwein
1 Stange Bleichsellerie, zuerst schneiden und dann kleinhacken
1 gute Prise Peffer
100 g Crème fraîche
1 kleiner Schuß Sahne
1 Teel. scharfer Senf
2 Eßl. feingehackte Petersilie

Miesmuscheln in Senfsahnesoße

Die Butter in einem Stahltopf schmelzen lassen. Bei kleiner Flamme die zerhackten Zwiebeln glasig dünsten. Immer wieder rühren! Den Bleichsellerie und Weißwein hinzugeben. Bei kleiner Hitze alles etwas einkochen lassen.

Die Miesmuscheln unter laufendem Wasser gründlich säubern und danach in den Topf mit dem eingekochten Sud geben und pfeffern. Den Deckel auf den Topf geben. Die Temperatur etwas erhöhen. Die Muscheln öffnen sich in der Hitze in ca. 5 Minuten. Solche, die jetzt noch geschlossen sind, unbedingt entfernen und wegwerfen. Die Muscheln in einer Schüssel im vorgewärmten Backofen aufbewahren.

Den Sud mit dem restlichen Weißwein auffüllen, kurz umrühren und köcheln lassen. Danach durch einen Papierfilter seihen, einköcheln lassen (etwa um die Hälfte). Mit dem Schneebesen die Crème fraîche und den Senf langsam unterrühren. Danach einen kleinen Schuß Sahne unterziehen und sofort über die in Teller verteilten Muscheln gießen. Mit der feingehackten Petersilie bestreuen.

TIP: Wenn Sie nicht möchten, daß Ihnen und

Ihren Gästen die Soße über die Finger läuft, können Sie vorher schon von jeder Muschel eine der beiden Schalen entfernen. Ich finde es schöner, das Muschelfleisch mit beiden Schalen auf dem auf dem Teller zu haben. Man verwendet dann zwei Schalen wie eine Zange und führt das Muschelfleisch zum Mund.

Übrigens, man rechnet pro Person 1 l Miesmuscheln! Für jeden ein Schälchen mit Zitronenwasser bereitstellen!

Butter-
mischungen

Mit Gewürzen, Kräutern oder Essenzen vermengte Butterzubereitungen bilden eine Bereicherung des Speisezettels. Sie können sehr schnell und einfach hergestellt werden. Ausgangspunkt ist meistens schaumig gerührte, frische Butter. Beim Würzen sind der Phantasie keine Grenzen gesetzt.

Übrigens mischte die Urgroßmutter für die Kinder häufig Butter und Tannenhonig, bestrich damit kräftiges Bauernbrot und schnitt es in kleine Stückchen.

250 g Butter
50 g Anchovis
das Gelbe von 4
hartgekochten Eiern
1 Spritzer Zitronensaft

Anchovisbutter

Butter (Menge nach Bedarf weniger) bei Raumtemperatur weich werden lassen und in einer Schüssel schaumig schlagen. Die Anchovis, wenn sie zu salzig sind, zuvor einige Zeit wässern. Abtropfen lassen und fein verwiegen, das Eigelb zerdrücken und beides mit der Butter mischen. Die Butter durch ein Sieb streichen, in kleine Förmchen füllen und im Kühlschrank hart werden lassen. Vor Gebrauch die Förmchen kurz in heißes Wasser tauchen und die Butter auf einen Teller stürzen.

Die Anchovisbutter schmeckt wundervoll zu heißen Pellkartoffeln. Man kann sie auch auf kleine getoastete Weißbrotscheiben oder frisch gebackene Blätterteigstäbchen streichen und als Appetithäppchen reichen.

Statt der Anchovis kann man auch Sardellen nehmen.

TIP: Lange Zeit dachte ich, Anchovis und Sardellen seien ein und dasselbe, und als ich Anchovis-Butter herstellen wollte, kaufte ich eben Sardellen.

„Was, Anchovis sollen das sein?" sagte die Urgroßmutter verächtlich und schaute mir zu, wie ich in ihrer Küche herumwerkelte.

Sie gab mir keinen einzigen Ratschlag. Statt dessen hielt sie mir einen Vortrag über Anchovis. Beide gehörten zur Familie der Heringe, aber die Anchovis seien kleiner als Sardellen, fingerlang nur und an den Seiten silbrig. Wie die Sardellen werden sie gesalzen und in Kräuter eingelegt.

„Wo aber ist dann der Unterschied?" fragte ich, „ist's die Größe?"

Damit lag ich gar so falsch nicht.

„Der Unterschied, meine Liebe, liegt im Oberkiefer, der ist bei den Anchovis schmaler!"

Auch wenn die Urgroßmutter über meine Unwissenheit noch lange den Kopf schüttelte, sprang sie über ihren Schatten, setzte sich an den Küchentisch und erklärte mir ihr Rezept.

Sie konnte es aber doch nicht unterlassen, immer wieder darauf hinzuweisen, daß dies nun ganz und gar nicht eine richtige Anchovis-Butter sei – wegen dem Oberkiefer!

Knoblauchbutter

150 g Butter
4 Knoblauchzehen
oder einige Spritzer
Knoblauchessenz (s. S. 38)

Die Butter schaumig rühren. Salz und zerdrückte Knoblauchzehen hinzufügen. Durch ein Sieb streichen und weiter wie bei der Anchovisbutter verfahren.

TIP: Ein hübsch ausgestochenes Stückchen Knoblauchbutter auf ein saftiges Steak legen.

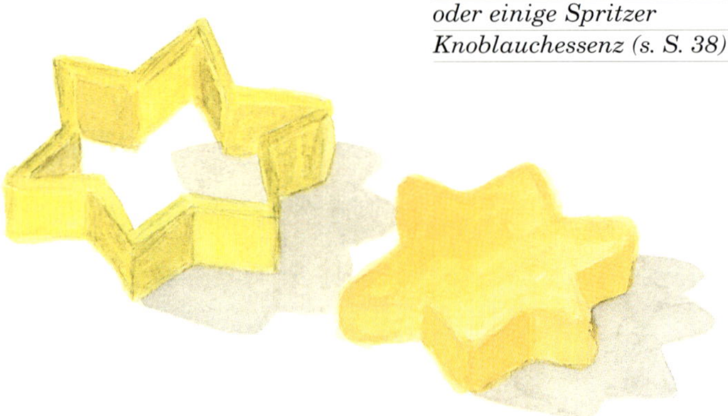

Butter von Krustentieren

Schalen von
Krustentieren
(Krebs, Langusten,
Krabben)
200 g Butter
Salz
Pfeffer

Die Schalen grob zerdrücken und im Mörser fein zerstoßen. Die Butter daruntermischen. Die Butter in einem Topf zergehen lassen. Sobald sie steigt, $^1/_2$ l Wasser, Salz und Pfeffer hinzufügen und einige Minuten kochen lassen. Dann durch ein sehr feines Haarsieb geben. Wenn diese Mischung erkaltet ist, hat sich die Butter oben abgesetzt – bei der Verwendung von Krebsschalen ist sie rot.

TIP: Das Wasser hat ebenfalls den Geschmack der Krustentiere angenommen. Man kann eine feine Cremesuppe daraus herstellen.

Borretsch

Kräuterbutter

125 g Butter
2 Eßlöffel frische
Kräuter, z. B. Petersilie,
Estragon, Kerbel,
Schnittlauch, Dill,
Borretsch, einzeln
oder in Mischungen
1 Eßlöffel fein
verwiegte Schalotten
Salz
Pfeffer
1 Spritzer Zitronensaft

Die Butter schaumig rühren. Die Kräuter grob verwiegen und mit Salz, Pfeffer, Zitronensaft unter die Butter mischen. Mit dem Mixstab bearbeiten, bis die Kräuter die Butter grün gefärbt haben. Wie die anderen Buttermischungen weiter behandeln.

TIP: Dies ist eine Möglichkeit, die im Garten in größeren Mengen anfallenden Kräuter für die kräuterarme Zeit zu konservieren, denn die Kräuterbutter behält im Tiefkühlschlaf ihr volles Aroma.

Schneckenbutter

125 g Butter
1 Knoblauchzehe
1 Eßl. Petersilie,
feingehackt
1 Schalotte,
feingehackt
Salz
Pfeffer

Unter die schaumig gerührte Butter alle Zutaten mischen. Kühl stellen.

Senfbutter

6 Eßl. feiner Senf
4 hartgekochte Eier, nur das Eigelb verwenden
250 g Butter
1 Messerspitze Pfeffer
1 Messerspitze Salz

Die obigen Zutaten miteinander in einer Rührschüssel vermischen und solange rühren, bis eine glatte Masse entsteht.

TIP: Die Senfbutter in kleine Gefäße füllen und gut verschrauben. Im Kühlschrank aufbewahren.

Die Senfbutter zu kaltem Fleisch reichen.

Würzig backen

Was wäre die Weihnachtsbäckerei ohne die wohlduftenden Gewürze! Gerüche von Zimt, Nelken, Anis, Kardamom, Muskat und Ingwer lassen Weihnachten ahnen. Die badische Weihnachtsbäckerei lebt von den „Wohlgerüchen Arabiens“. Deshalb sollen am Ende dieses Buches zwei von Urgroßmutters Gewürzkuchen-Rezepten stehen.

250 g Butter
250 g Zucker
3 Eier
8 g gemahlener Zimt
abgeriebene Schale einer ungespritzen Zitrone
4 g Kardamon
10 Nelken, kleinstoßen
4 Senfkörner, zerstoßen
1 Messerspitze Muskatnuß
1 Messerspitze Ingwerpulver
375 g Mehl

Gewürzkuchen

Die Butter schaumig rühren. Den Zucker langsam einstreuen. Den Quirl weiter laufen lassen und die Eier, die anderen Gewürze und das Mehl hinzugeben.

Solange rühren, bis ein geschmeidiger Teig entstanden ist. Danach den Teig messerdick auf ein sauberes, trockenes Blech streichen. Achtung! Das Blech nicht einfetten.

Glätten kann man den Teig, indem man das Messer immer wieder in kochendes Wasser eintaucht und den Teig sofort glatt streicht.

Das Blech auf die mittlere Schiene schieben und den Kuchen bei mäßiger Hitze (ca. 185 bis 200 Grad) goldbraun backen.

Noch warm auf dem Blech in Stangenform schneiden.

TIP: In Blechbüchsen oder Kartons kann man die Gewürzstangen einige Zeit aufbewahren. Sie eignen sich für gesellige Abende anstelle von Chips und Salzstangen.

Gewürzschnitten

500 g Zucker
12 Eier
250 g gestoßene Mandeln
8 g gestoßene Nelken
16 g gemahlener Zimt
geriebene Schale 1 ungespritzten Zitrone
4 gestoßene Senfkörner
250 g Mehl

Den Zucker mit Eiweiß und Eigelb schaumig rühren. Die gestoßenen Mandeln langsam hinzugeben. Den Quirl weiter auf kleiner Stufe laufen lassen. Nach und nach die Gewürze in der oben angegebenen Reihenfolge einstreuen. Zum Schluß das Mehl langsam hinzugeben und dabei weiterrühren.

Den Teig in eine gebutterte Kastenform geben und bei mittlerer Hitze im Backofen backen. Wenn eine Stricknadel, die man in den Teig sticht, sauber bleibt, ist der Kuchen fertig.

Sobald der Kuchen abgekühlt ist, in Scheiben schneiden.

TIP: Die Schnitten kann man in der Pfanne mit Butter auf beiden Seiten bei kleiner Hitze anbraten. Sie schmecken als Dessert.

Die Schnitten können einige Tage aufbewahrt werden, am besten in Blechdosen, die mit Butterbrotpapier ausgelegt sind.

Inhaltsverzeichnis

Die Deutsche Bibliothek –
CIP-Einheitsaufnahme

Schlesiger, Gabriela:
Badische Gewürzküche : Senf, Essig, Essenzen
selbst hergestellt / Gabriela Schlesiger.
Illustrationen: Mirjam Jauch. – Lahr :
Schauenburg, 1997
(Badische Reihe)
ISBN 3-7946-0475-X

Verlag Moritz Schauenburg GmbH, 77933 Lahr
Gesamtleitung: Katharina Többen
Layout, Satz, Lithos: INFOLIO Digital,
J. Holzreiter, 79410 Badenweiler
Illustrationen: Mirjam Jauch, Malterdingen
Einleitende Texte und Lektorat:
Christel Seidensticker

ISBN 3-7946-0475-X